Hawaiian

JENNY ME KA MŪʻO LĀʻAU PALA

Marcy Schaaf

JENNY AND THE FRUIT FLY FIASCO

Problem Solving
Marcy Schaaf

Hawaiian

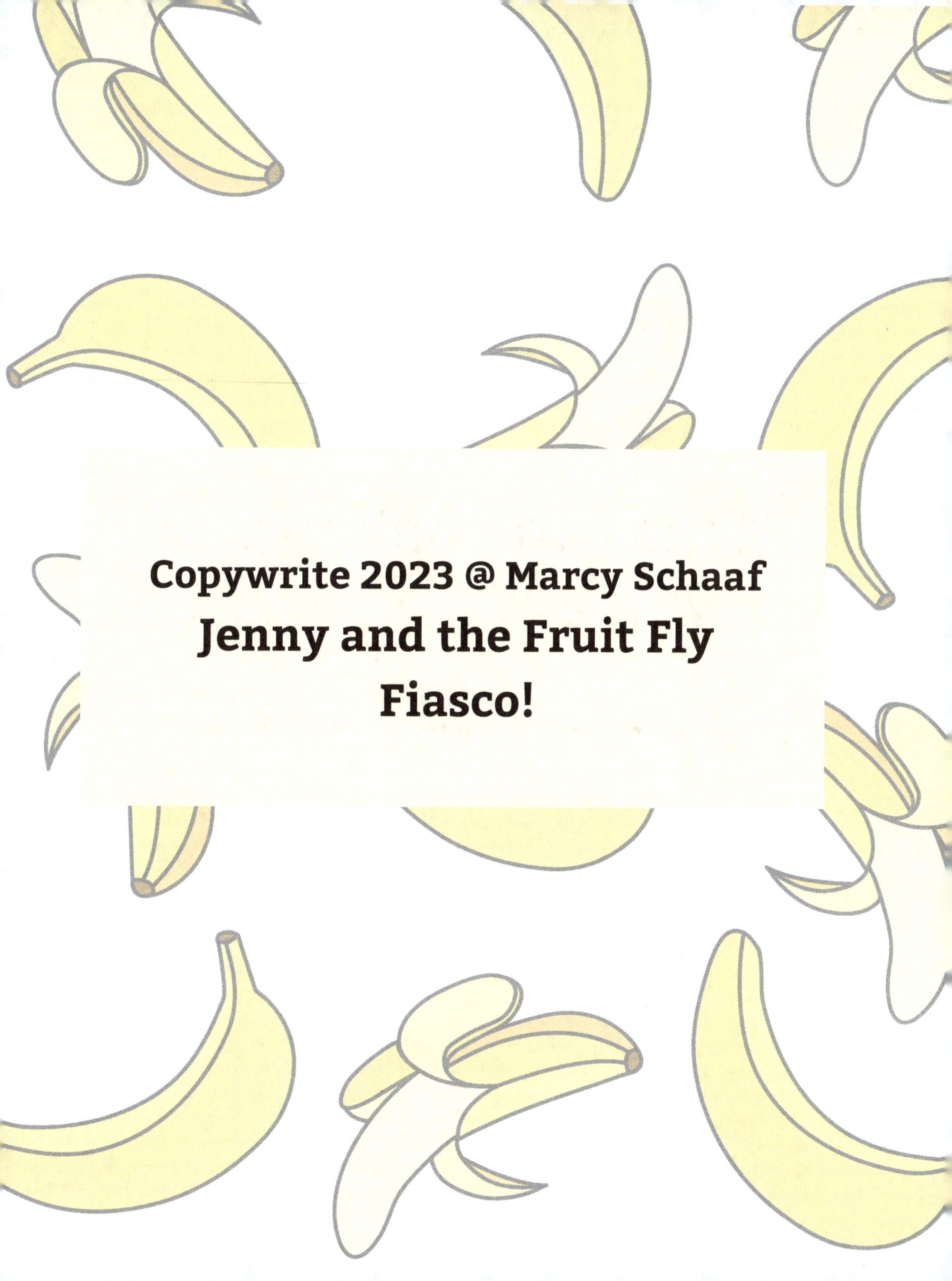
Copywrite 2023 @ Marcy Schaaf
Jenny and the Fruit Fly
Fiasco!

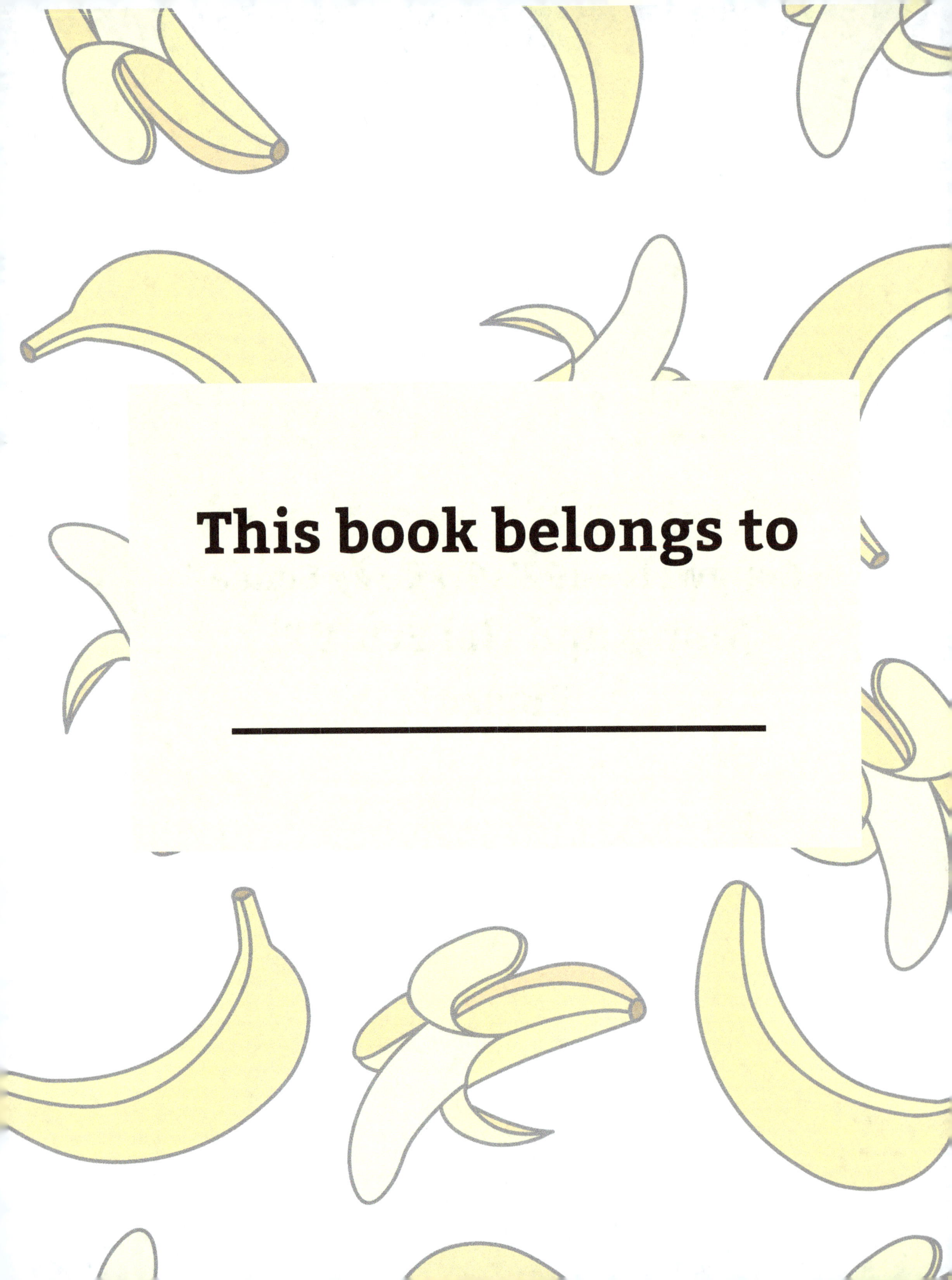
This book belongs to

No keia puke

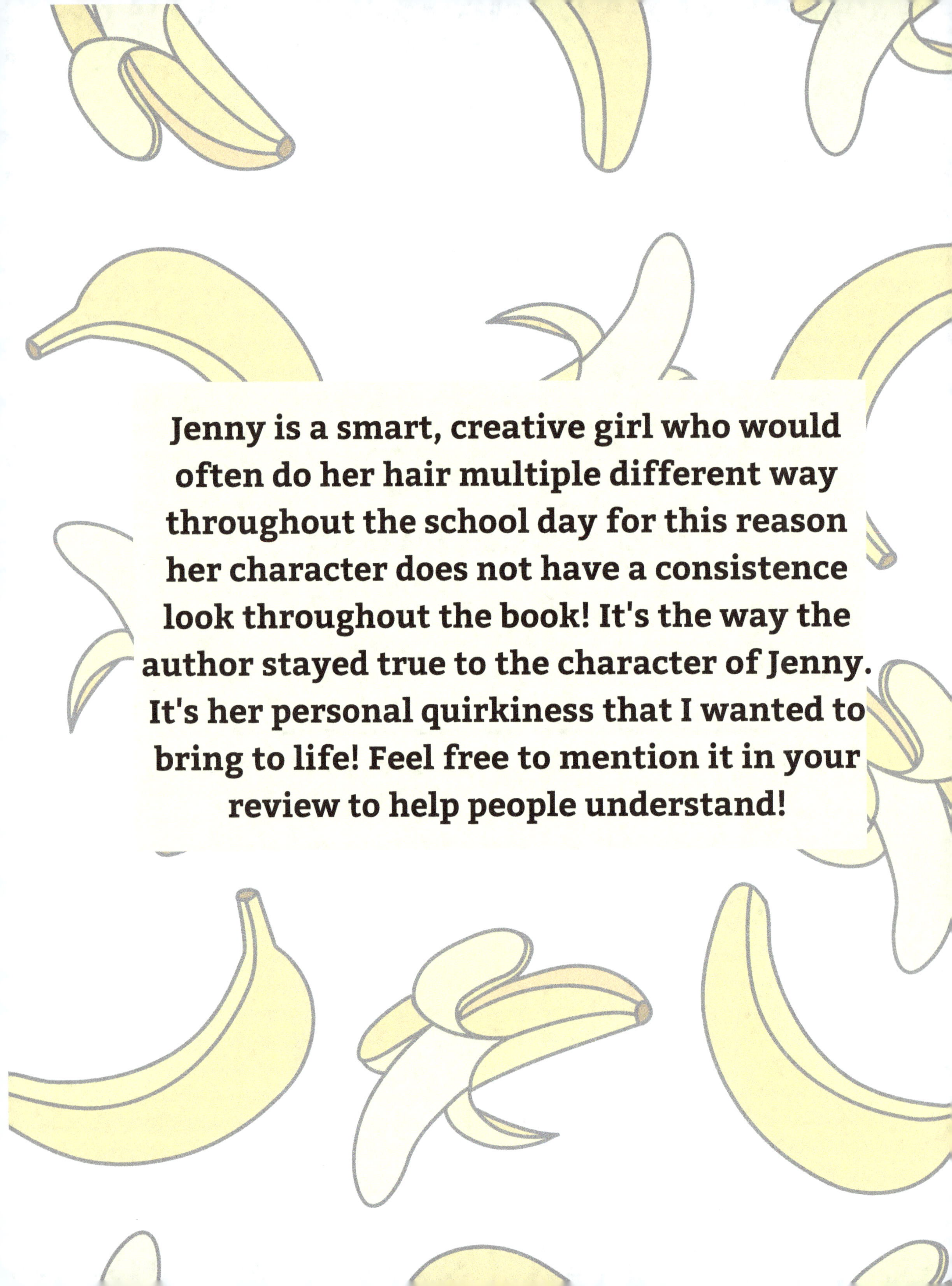

Jenny is a smart, creative girl who would often do her hair multiple different way throughout the school day for this reason her character does not have a consistence look throughout the book! It's the way the author stayed true to the character of Jenny. It's her personal quirkiness that I wanted to bring to life! Feel free to mention it in your review to help people understand!

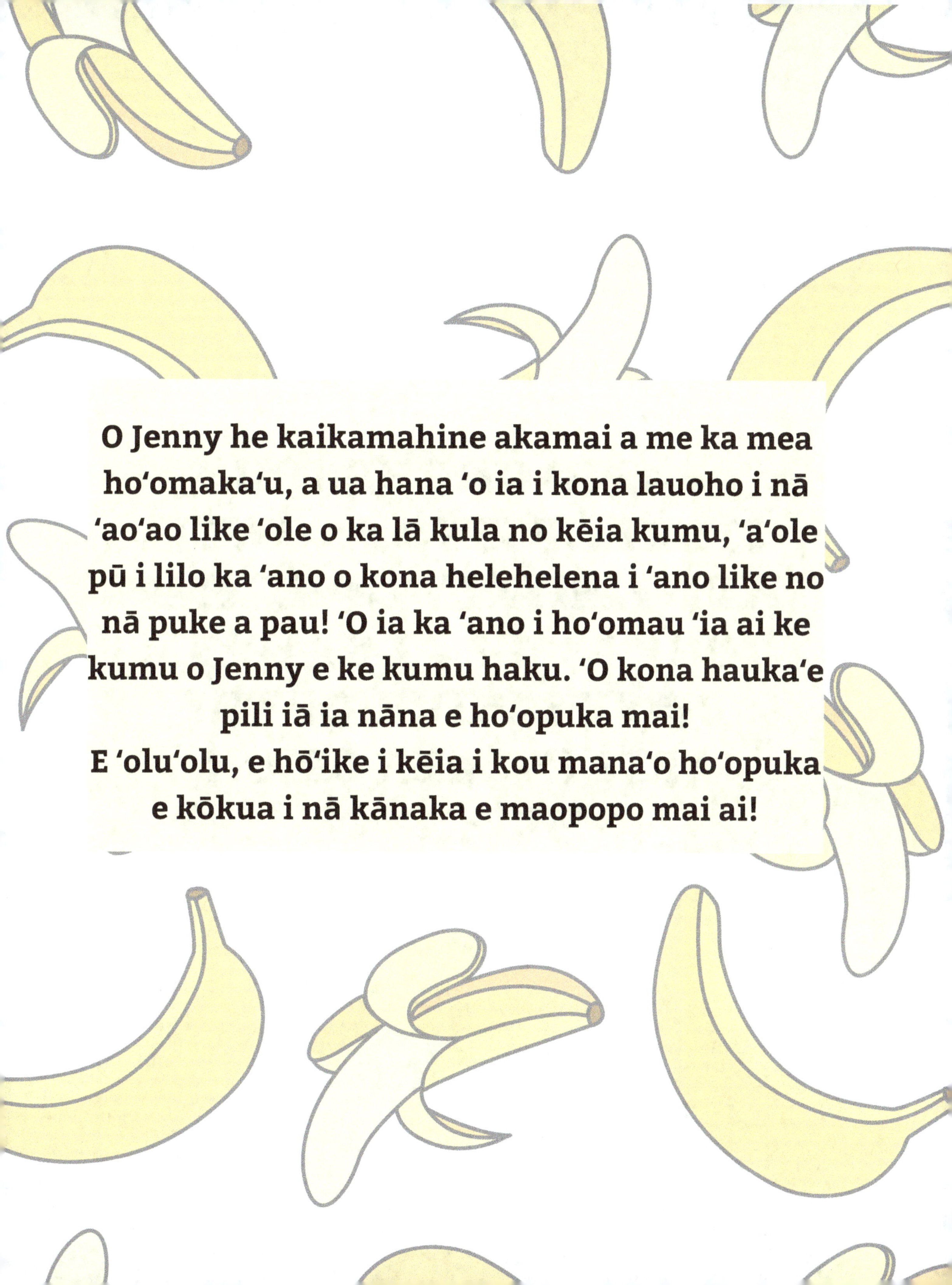

O Jenny he kaikamahine akamai a me ka mea ho'omaka'u, a ua hana 'o ia i kona lauoho i nā 'ao'ao like 'ole o ka lā kula no kēia kumu, 'a'ole pū i lilo ka 'ano o kona helehelena i 'ano like no nā puke a pau! 'O ia ka 'ano i ho'omau 'ia ai ke kumu o Jenny e ke kumu haku. 'O kona hauka'e pili iā ia nāna e ho'opuka mai!
E 'olu'olu, e hō'ike i kēia i kou mana'o ho'opuka e kōkua i nā kānaka e maopopo mai ai!

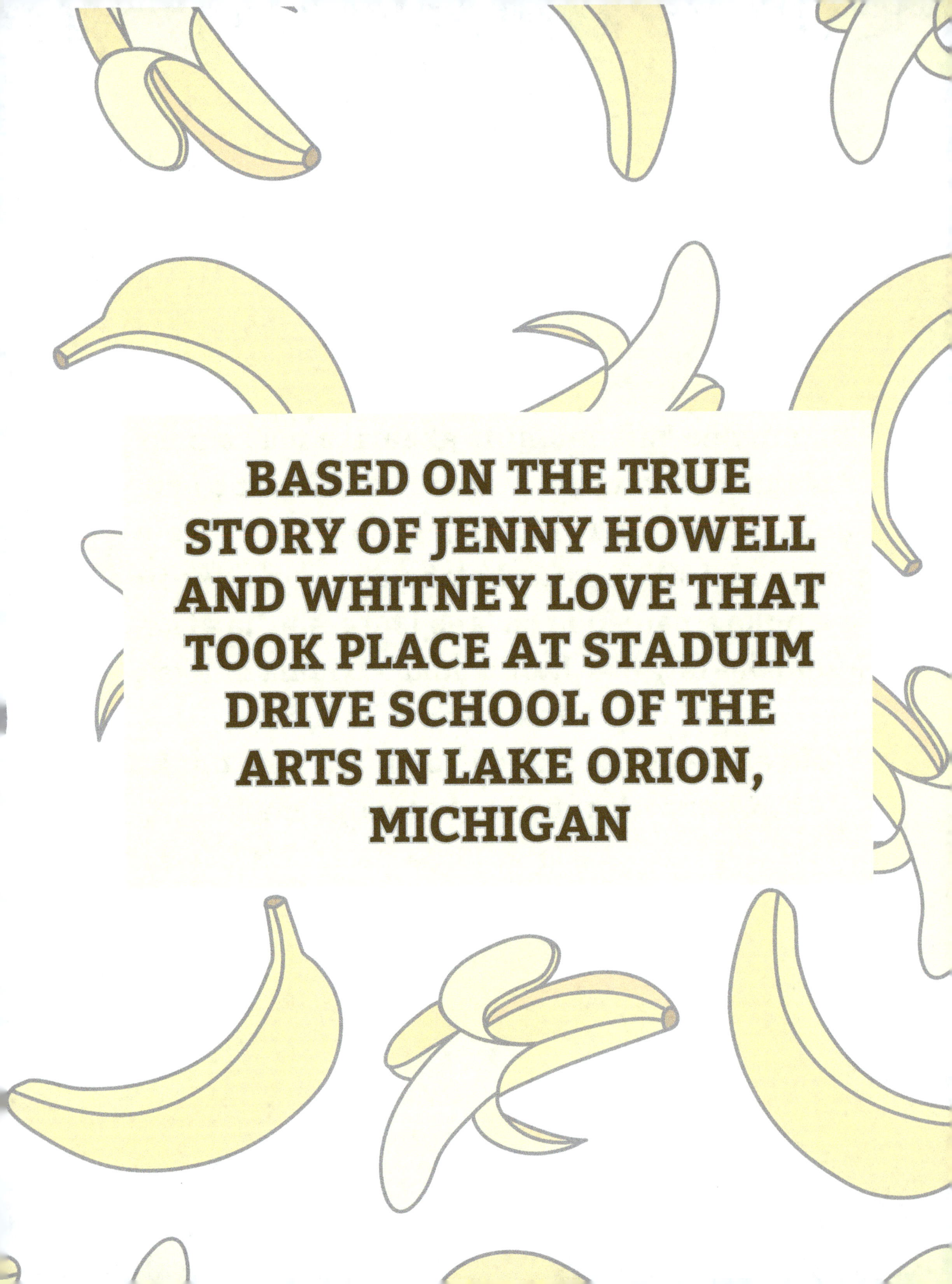

BASED ON THE TRUE
STORY OF JENNY HOWELL
AND WHITNEY LOVE THAT
TOOK PLACE AT STADUIM
DRIVE SCHOOL OF THE
ARTS IN LAKE ORION,
MICHIGAN

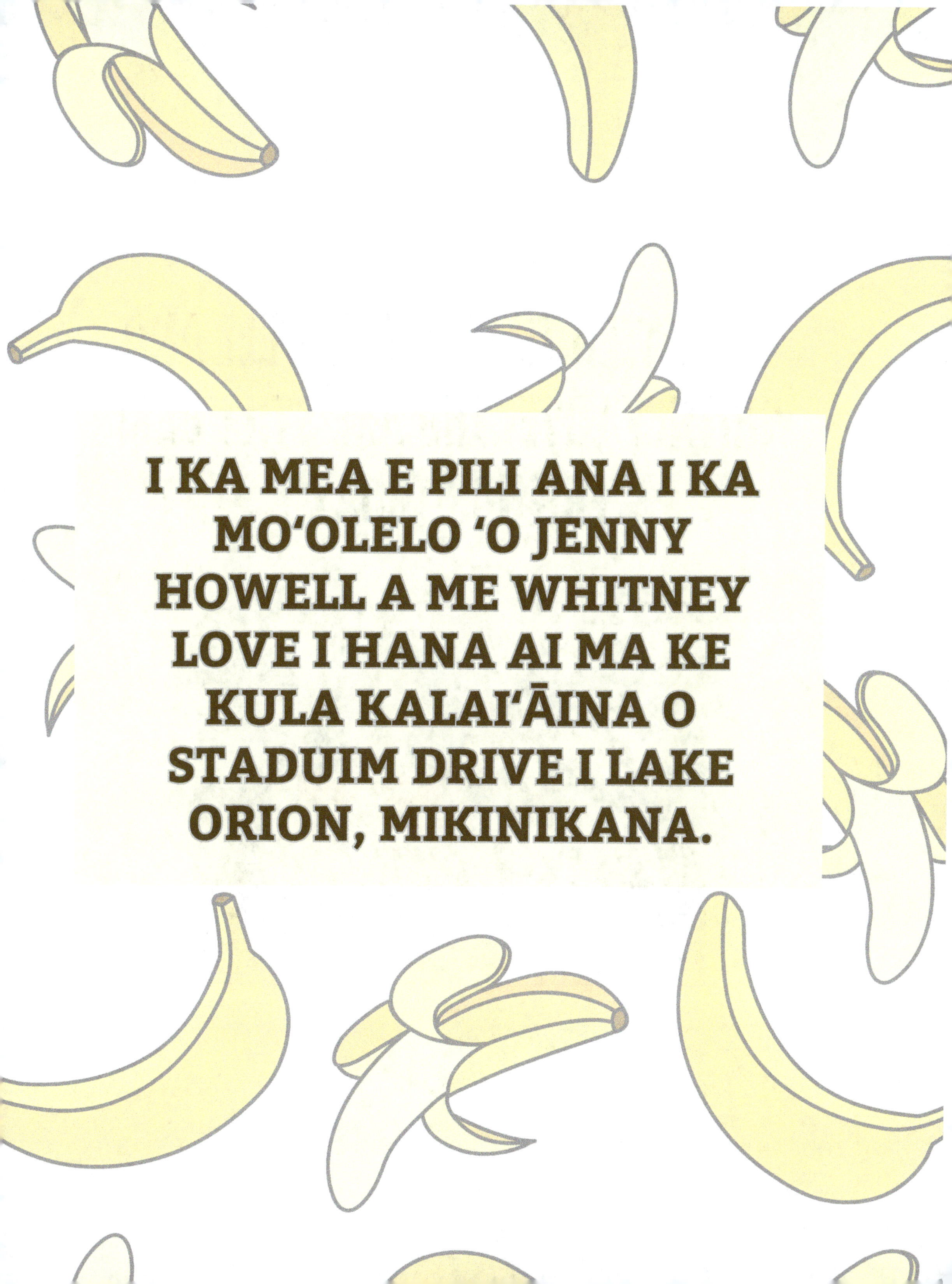

I KA MEA E PILI ANA I KA MOʻOLELO ʻO JENNY HOWELL A ME WHITNEY LOVE I HANA AI MA KE KULA KALAIʻĀINA O STADUIM DRIVE I LAKE ORION, MIKINIKANA.

DEDICATED TO JENNY HOWELL AND WHITNEY LOVE WHO ARE STILL BEST FRIENDS TODAY.

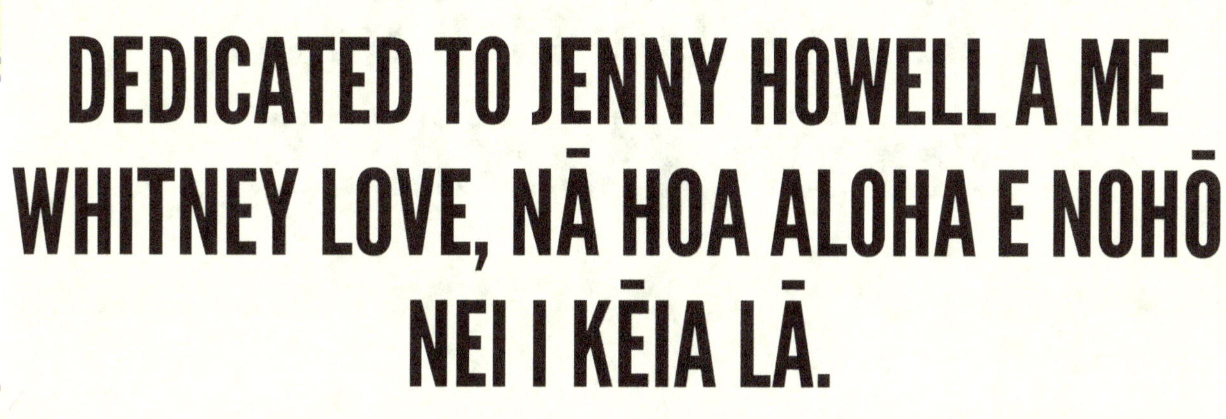

DEDICATED TO JENNY HOWELL A ME
WHITNEY LOVE, NĀ HOA ALOHA E NOHŌ
NEI I KĒIA LĀ.

ONCE UPON A TIME IN A SCHOOL NAMED STADIUM,
WAS A GIRL NAMED JENNY,
HER DAY WAS RANDOM.

NO KA'U WĀ I KA MANAWA I KAPA 'IA 'O STADIUM, HE KAIKAMAHINE 'O JENNY, UA 'OKI POEPOE KONA LĀ.

JENNY WAS BUSY,
SHE HAD SO MUCH TO DO,
BUT A BANANA SHE FORGOT IN HER
LOCKER, OOPS, THAT'S TRUE!

UA PILIKIA 'O JENNY, UA NUI NŌ KĀNA HANA, AKĀ, UA WAIHO 'IA IHO KE KŪ'AI MĀMĀ MA KONA LOKA, OOPS, 'OIAI 'OIAI!

THE WEEKEND WENT BY,
DAYS TURNED INTO NIGHT,
AND A FRUITY SURPRISE WAITED,
OUT OF SIGHT.

A UA HELE AKU KA MAHINA, A UA HIKI I KE AHIAHI, A E HĀ'AWI 'IA ANA HE MEA HUA HUA, I KA WĀ MALU.

MONDAY MORNING CAME,
JENNY OPENED HER DOOR,
FRUIT FLIES SWARMED OUT;
SHE COULDN'T TAKE IT ANYMORE!

I KA POʻAKAHI I KE KAKAHIAKA, KĀHEA AKULA ʻO JENNY I KONA PUKA, HAʻALELE MAILA NĀ NALO HUA; ʻAʻOLE I HIKI IĀ IA KE HOʻOMANAWANUI AKU!

BUZZING AROUND HER BOOKS,
BUZZING IN THE AIR,
JENNY WAS EMBARRASSED,
IT JUST WASN'T FAIR.

HŪHŪ I KA PUNI O KONA MAU PUKE,
HŪHŪ I KA LEWA, UA HILAHILA ʻO JENNY,
ʻAʻOLE PONO IA.

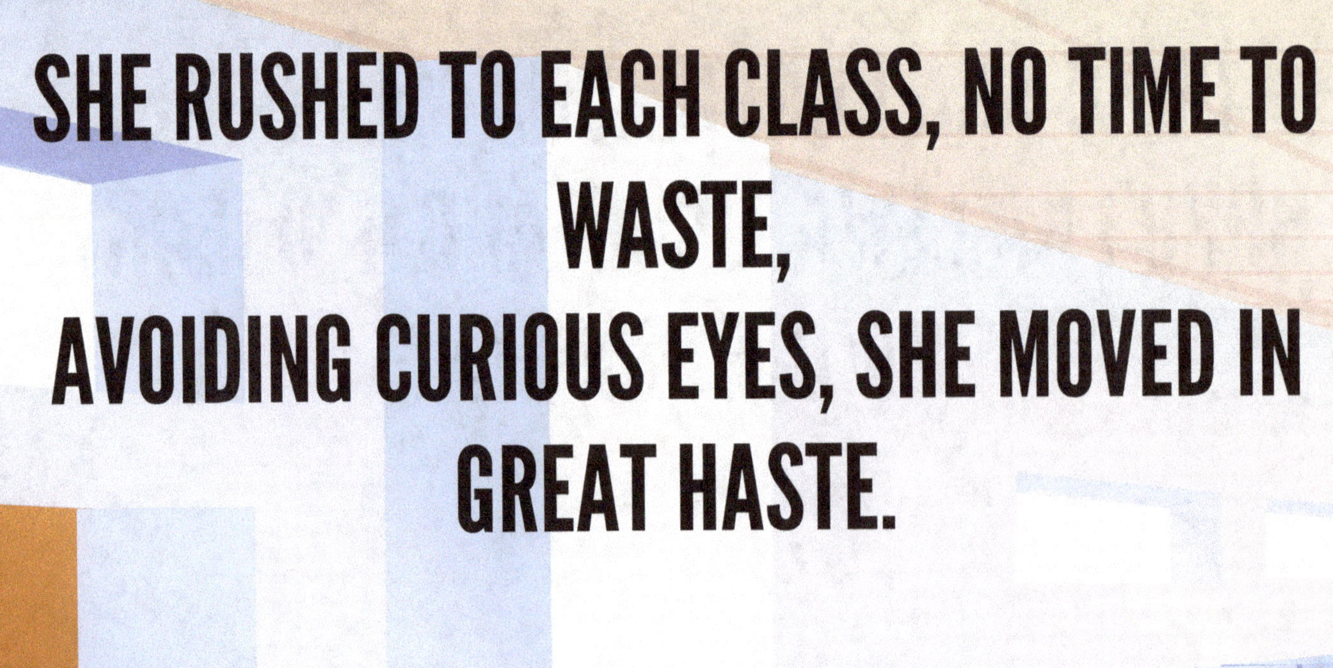

SHE RUSHED TO EACH CLASS, NO TIME TO WASTE,
AVOIDING CURIOUS EYES, SHE MOVED IN GREAT HASTE.

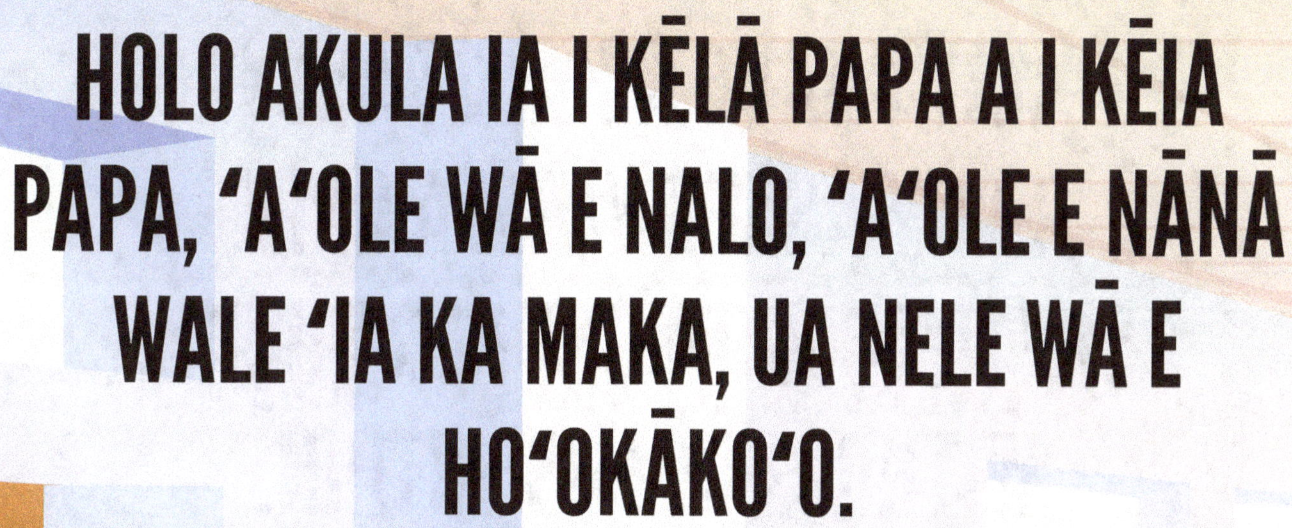

HOLO AKULA IA I KĒLĀ PAPA A I KĒIA PAPA, ʻAʻOLE WĀ E NALO, ʻAʻOLE E NĀNĀ WALE ʻIA KA MAKA, UA NELE WĀ E HOʻOKĀKOʻO.

"MAY I HAVE A HALL PASS?"
JENNY ASKED WITH A GRIN,
SHE NEEDED TO GET HER BOOKS
WITHOUT CHAOS WITHIN.

E LOAʻA ANA IAʻU KE KĀLEKA HALE?" NĪNAU AKULA ʻO JENNY ME KA HILAHILA, ʻAʻOLE I LOAʻA IĀ IA KE LOAʻA I KĀNA MAU PUKE ME KA MĀLIE, ME KA NĀWALIWALI ʻOLE.

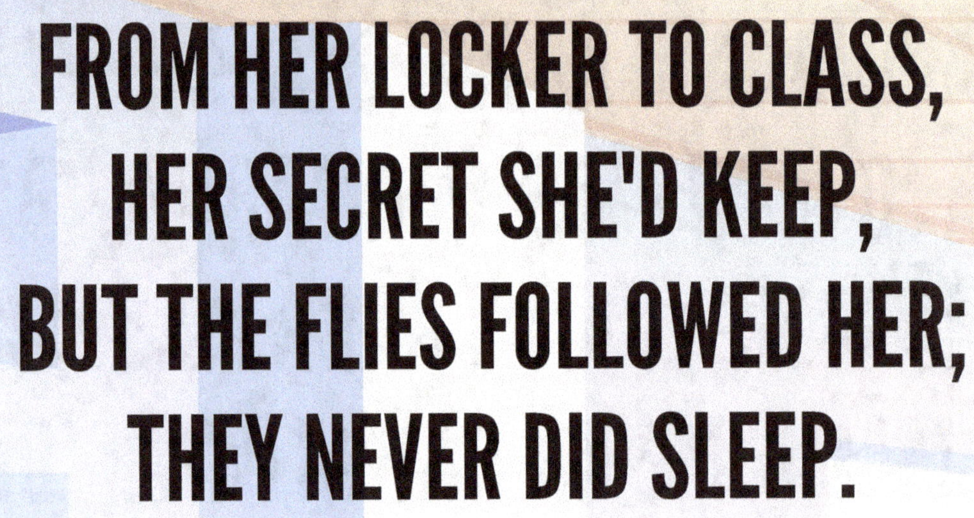

FROM HER LOCKER TO CLASS,
HER SECRET SHE'D KEEP,
BUT THE FLIES FOLLOWED HER;
THEY NEVER DID SLEEP.

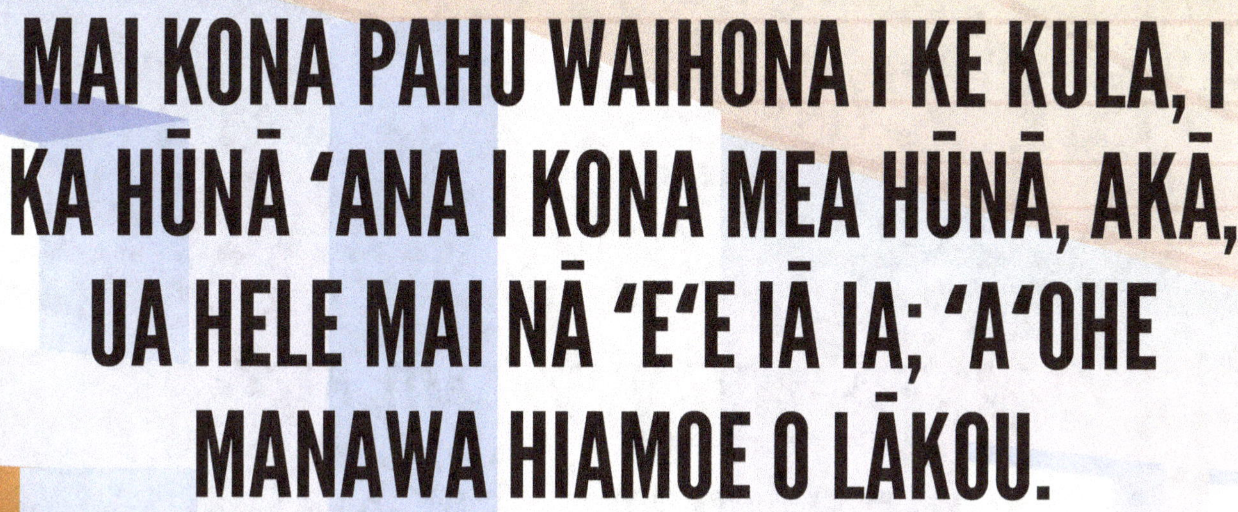

MAI KONA PAHU WAIHONA I KE KULA, I KA HŪNĀ ʻANA I KONA MEA HŪNĀ, AKĀ, UA HELE MAI NĀ ʻEʻE IĀ IA; ʻAʻOHE MANAWA HIAMOE O LĀKOU.

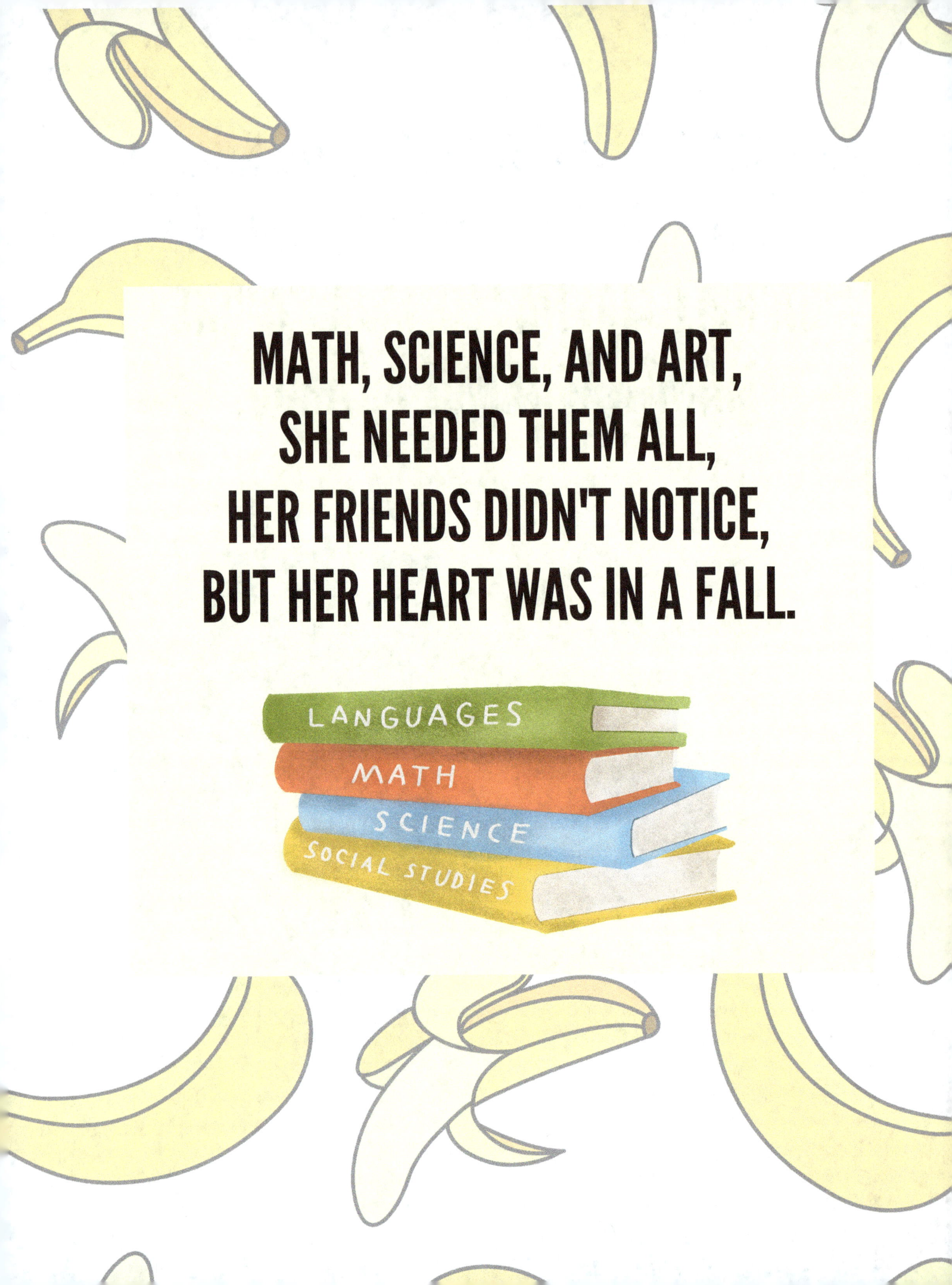

MATH, SCIENCE, AND ART,
SHE NEEDED THEM ALL,
HER FRIENDS DIDN'T NOTICE,
BUT HER HEART WAS IN A FALL.
LANGUAGES
MATH
SCIENCE
SOCIAL STUDIES

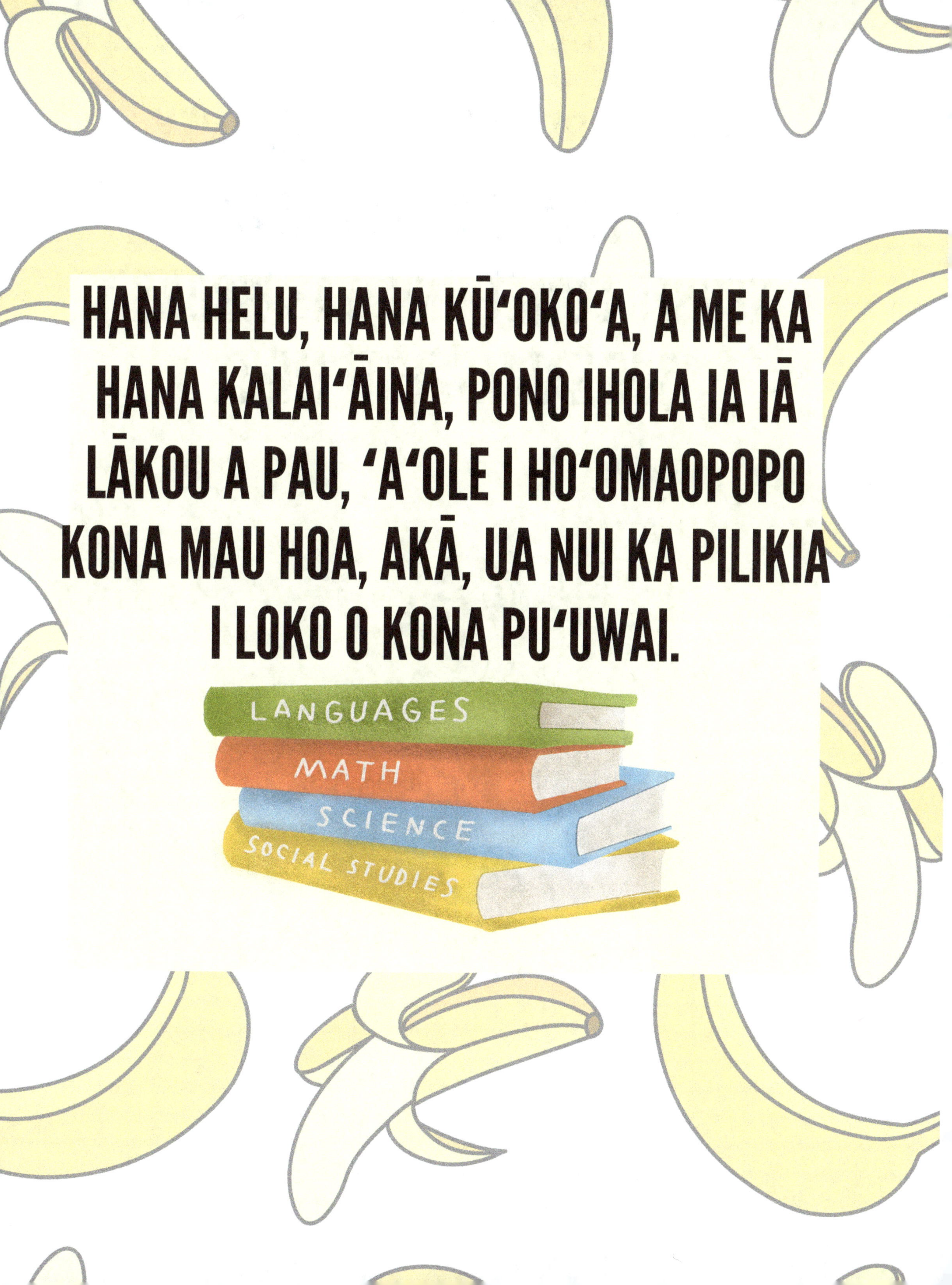
HANA HELU, HANA KŪʻOKOʻA, A ME KA HANA KALAIʻĀINA, PONO IHOLA IA IĀ LĀKOU A PAU, ʻAʻOLE I HOʻOMAOPOPO KONA MAU HOA, AKĀ, UA NUI KA PILIKIA I LOKO O KONA PUʻUWAI.
LANGUAGES
MATH
SCIENCE
SOCIAL STUDIES

JENNY'S BEST FRIEND WHITNEY,
SO SMART AND SO KIND,
SENSED SOMETHING WAS WRONG,
SHE HAD A GREAT MIND.

KA HOA MAIKAʻI LOA O JENNY, O WHITNEY, NAʻU E ʻIKE MAOLI ʻOLE A ME KA MAIKAʻI, I LOHE AKU I KEKAHI MEA HEWA, ʻO IA KEKAHI MEA I NUI AI KONA NAʻAU MAIKAʻI.

AT LUNCHTIME, JENNY WHISPERED HER
WOE TO HER FRIEND,
WHITNEY SAID, "WE CAN FIX THIS,
THERE'S NO NEED TO PRETEND!"

MA KA WA ʻAINA ʻAINA, HŌʻIKE AKULA ʻO JENNY I KONA PILIKIA I KONA HOA, ʻŌLELO AKULA ʻO WHITNEY, "HIKI KE HOʻOPAU I KĒIA, ʻAʻOLE E PONO KE HANA MAKE."

THEY GOT A BIG JAR AND
A NET OH SO THIN,
WHITNEY SWIPED THOSE FRUIT FLIES
WITH A DETERMINED GRIN.

UA LOA'A IĀ LĀKOU HE IPU NUI A ME HE ANIANI OIAI ULU, UA HO'OPAU 'O WHITNEY I UA MAU 'E'EPA LĀ'AU ME KA HĀ'AWI ALOHA.

JENNY AND WHITNEY,
A TRUE TEAM INDEED,
CAUGHT ALL THE FRUIT FLIES;
THEY DIDN'T LET THEM PROCEED.

"JENNY A ME WHITNEY, ʻO KA PŪʻALI
PONO NŌ, KAUGHT A PAU NĀ PEPEHI HUA;
ʻAʻOLE LĀUA HANA IĀ LĀKOU E HELE."

THE LOCKER WAS EMPTY,
THE FLIES WERE NO MORE,
JENNY COULD ACCESS HER BOOKS
LIKE NEVER BEFORE.

UA WAIHO KA LOKA I KA HŌ'OLE, 'A'OLE I LOA'A KEKAHI NUHA, UA HIKI IĀ JENNY KE KOMO I KONA LOKA ME KA HO'OKAHI 'OLE.

JENNY WAS GRATEFUL,
WITH A SMILE ON HER FACE,
FOR HER WONDERFUL FRIEND,
IN ANY TIME OR PLACE.

"UA MAHALO ʻO JENNY, ME KA HĀʻAWI ALOHA I LOKO O KONA MAKA, NO KONA HOAALOHA MAIKAʻI, MA KAHI A MA KAHI."

WITH THE SECRET OUT AND
THE LOCKER ALL CLEAR,
JENNY AND WHITNEY'S FRIENDSHIP
GREW STRONG, NO FEAR.

ME KA HUNA A ME KA PUKA LOA I KEIA MANAWA, UA HO'OMAOPOPO A PAU KA PA ME KA PALAKA, NUI A'ELA KA MANA'O O JENNY ME WHITNEY, HE KUPAIANAHA 'OLE.

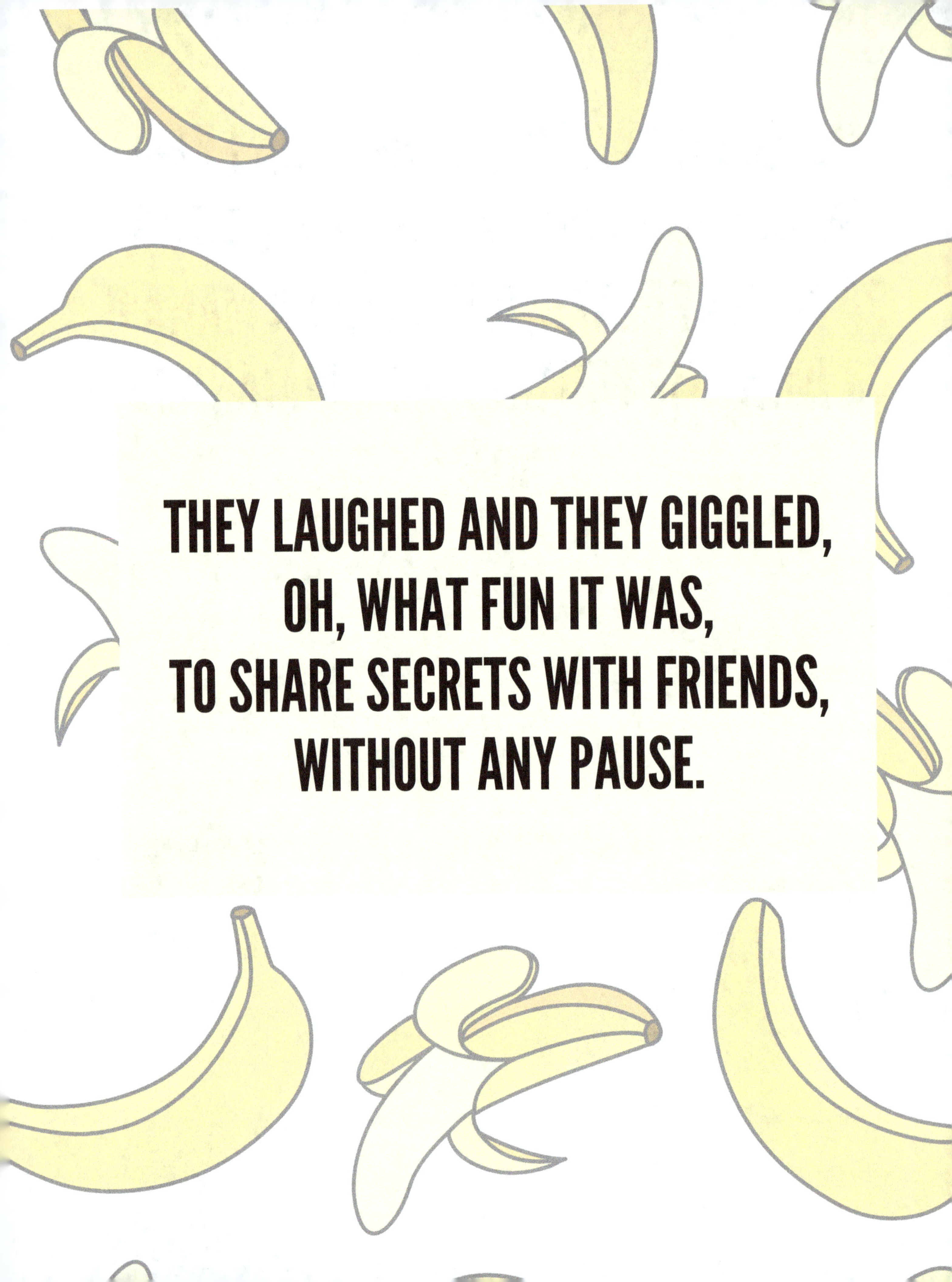
THEY LAUGHED AND THEY GIGGLED,
OH, WHAT FUN IT WAS,
TO SHARE SECRETS WITH FRIENDS,
WITHOUT ANY PAUSE.

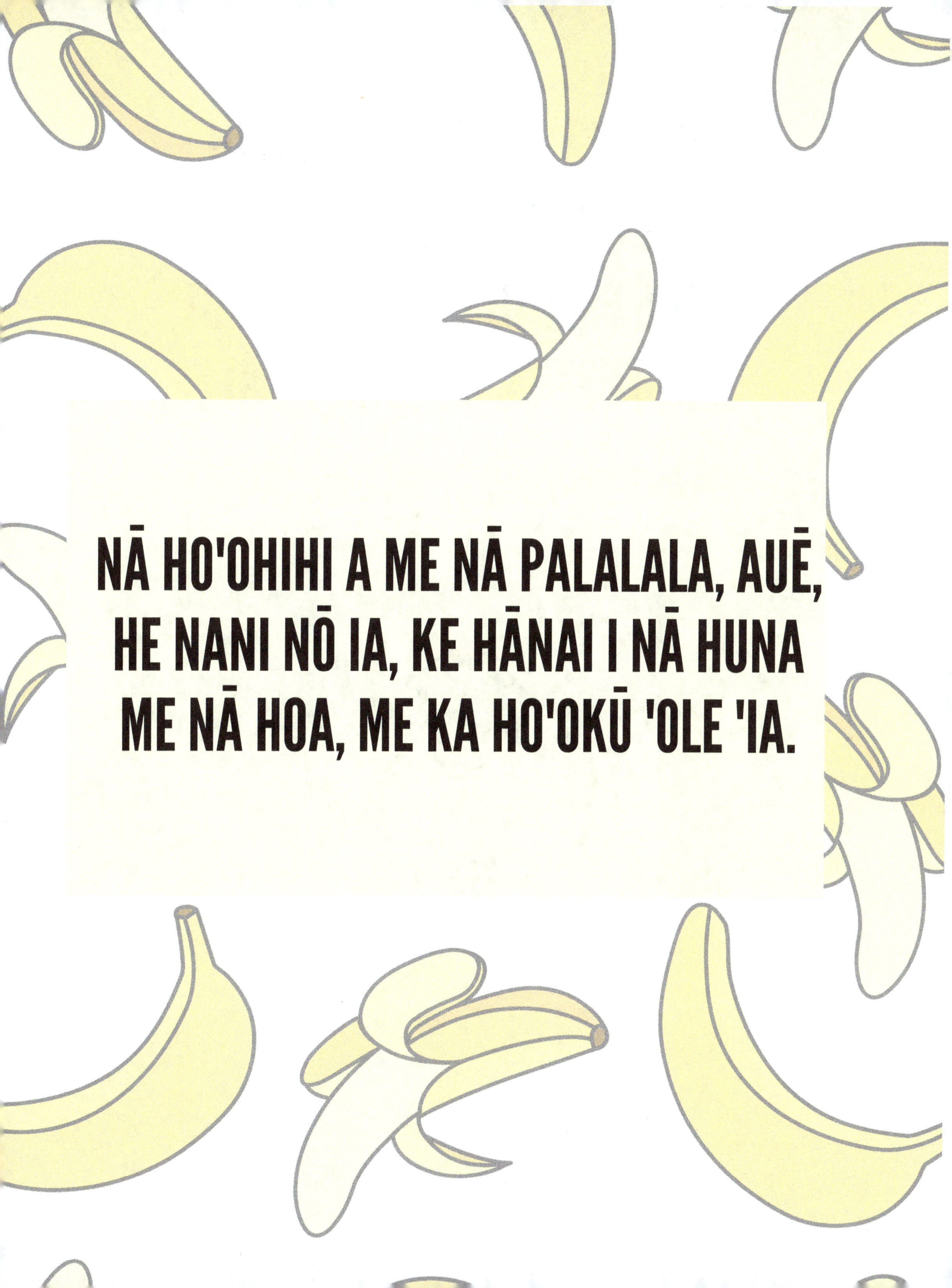
NĀ HO'OHIHI A ME NĀ PALALALA, AUĒ,
HE NANI NŌ IA, KE HĀNAI I NĀ HUNA
ME NĀ HOA, ME KA HO'OKŪ 'OLE 'IA.

JENNY LEARNED A LESSON,
IT'S ESSENTIAL TO SEE,
TRUE FRIENDS HELP YOU OUT,
AND THEY'LL DO IT WITH GLEE.

UA AʻO ʻO JENNY I KE KUMU, ʻO IA KA HANA NUI E IKE AI, NĀ HOA ʻOIAI E KŌKUA ANA IĀ ʻOE, A HANA PŪ LĀKOU ME KA HAUʻOLI.

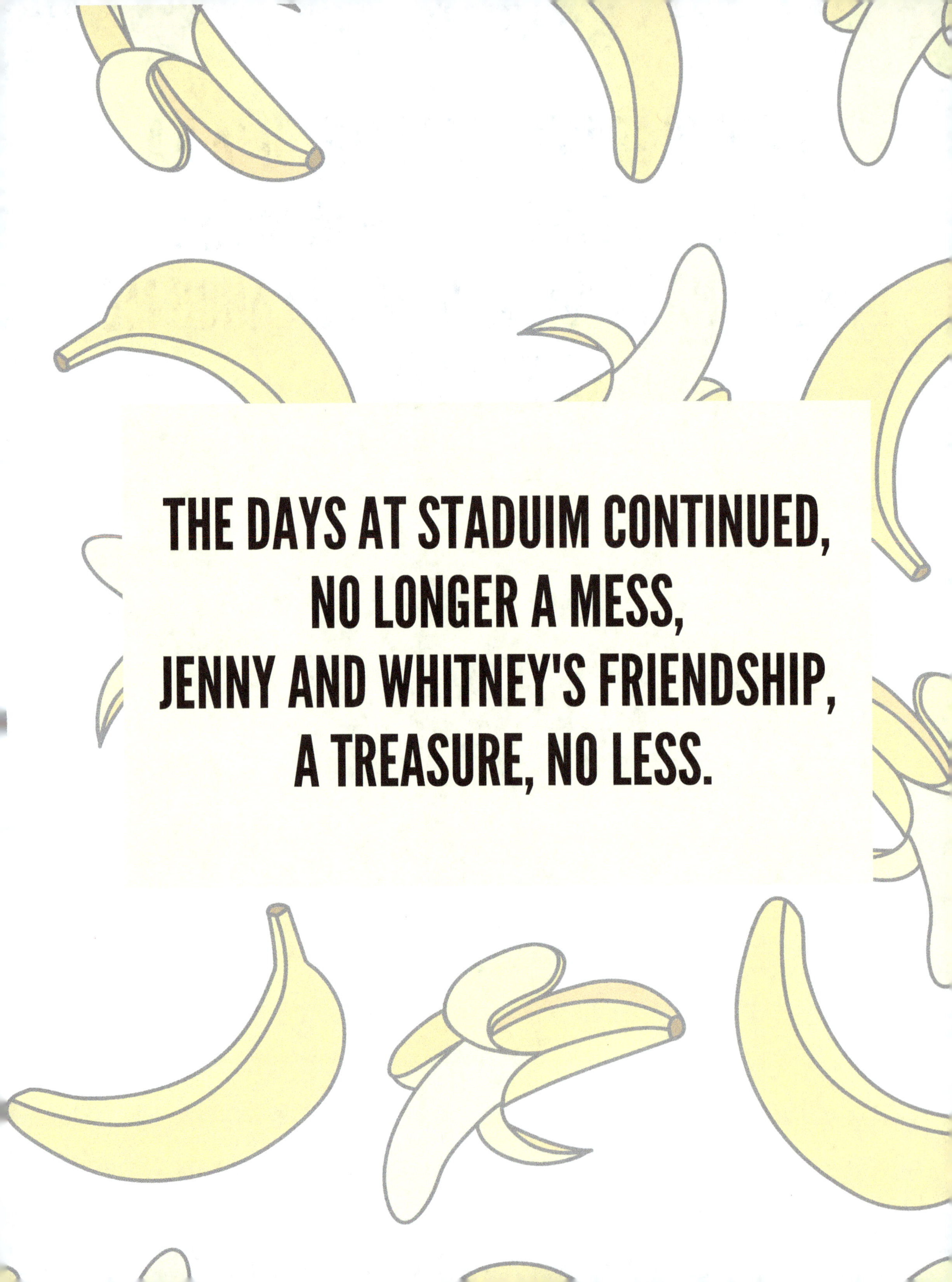

THE DAYS AT STADUIM CONTINUED,
NO LONGER A MESS,
JENNY AND WHITNEY'S FRIENDSHIP,
A TREASURE, NO LESS.

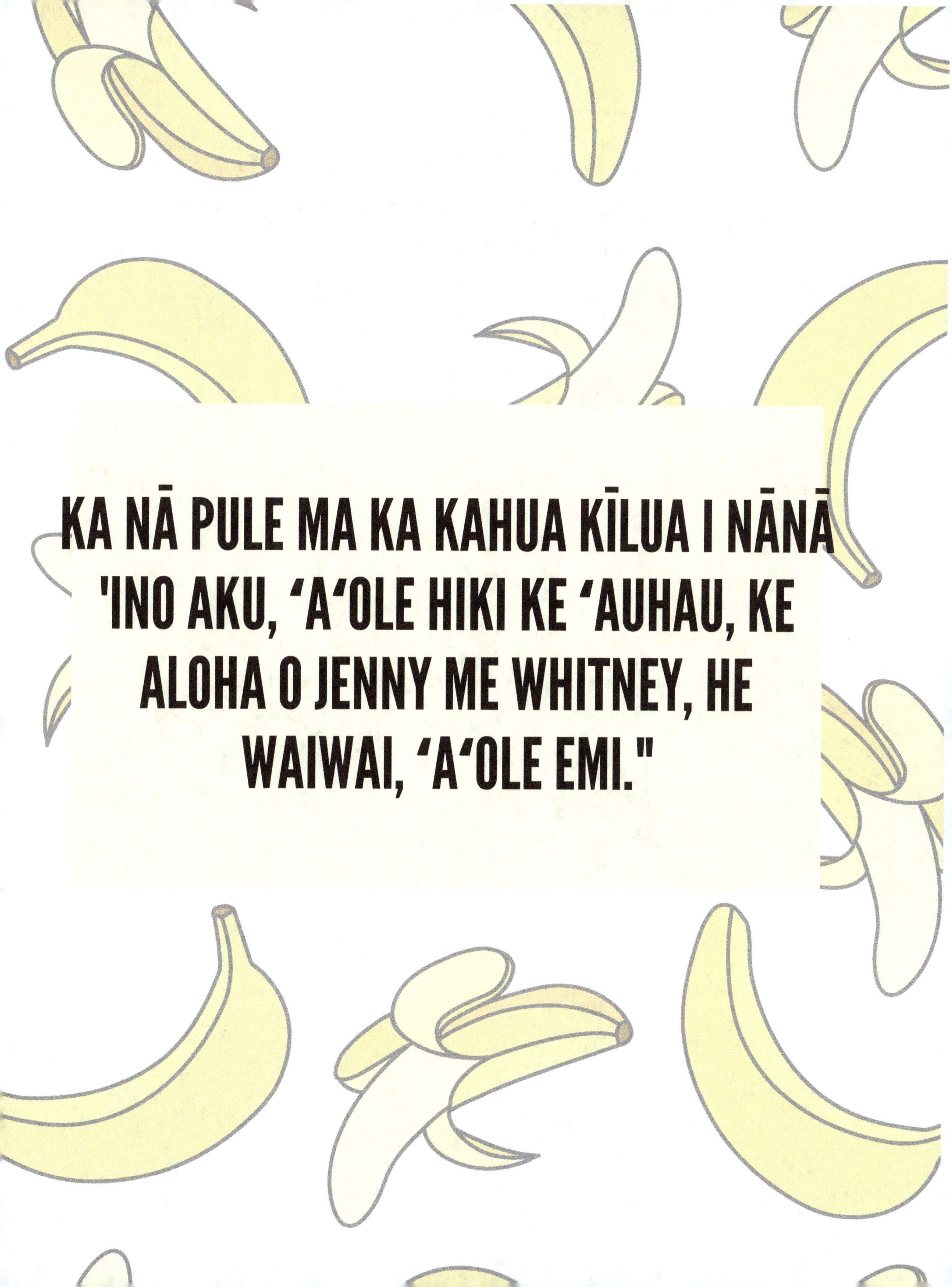
KA NĀ PULE MA KA KAHUA KĪLUA I NĀNĀ 'INO AKU, ʻAʻOLE HIKI KE ʻAUHAU, KE ALOHA O JENNY ME WHITNEY, HE WAIWAI, ʻAʻOLE EMI."

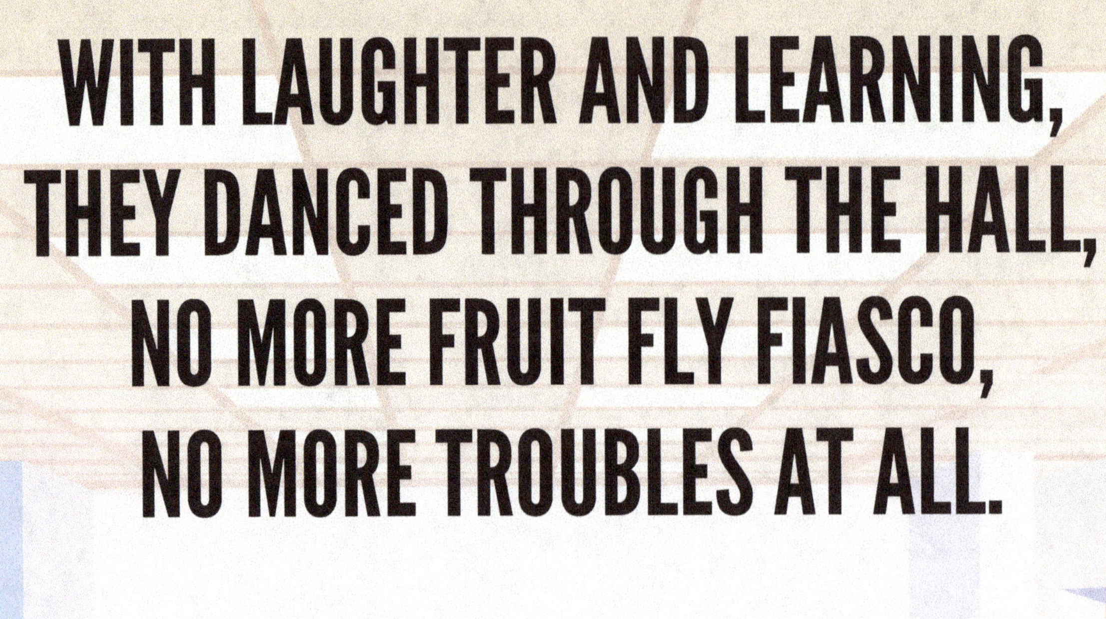

WITH LAUGHTER AND LEARNING,
THEY DANCED THROUGH THE HALL,
NO MORE FRUIT FLY FIASCO,
NO MORE TROUBLES AT ALL.

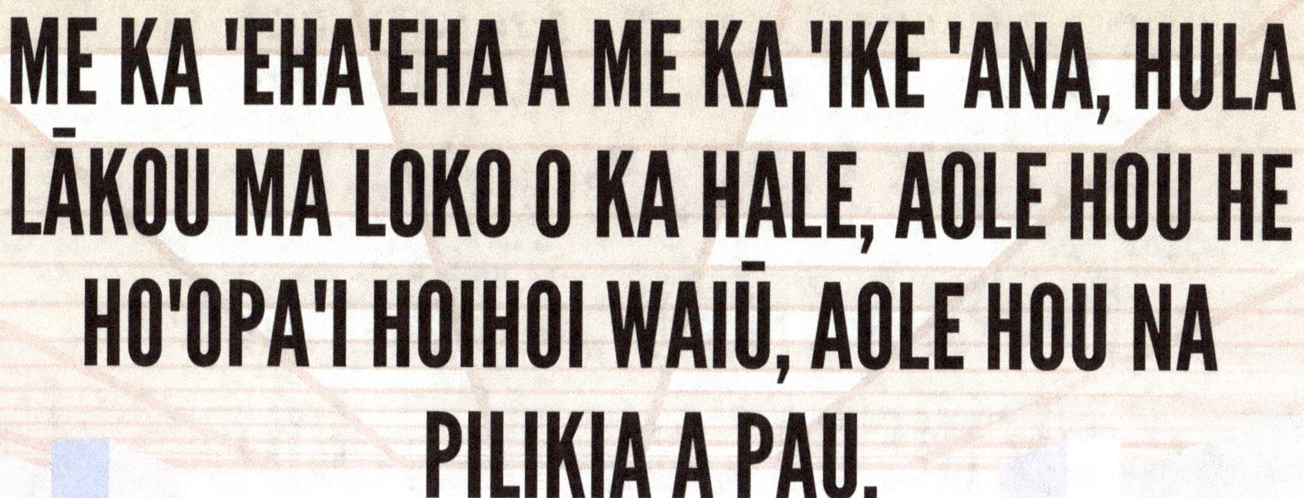

ME KA 'EHA'EHA A ME KA 'IKE 'ANA, HULA LĀKOU MA LOKO O KA HALE, AOLE HOU HE HO'OPA'I HOIHOI WAIŪ, AOLE HOU NA PILIKIA A PAU.

SO REMEMBER, DEAR CHILDREN,
THE STORY SO BRIGHT,
FRIENDS STAND BY YOUR SIDE,
IN THE DAY AND THE NIGHT.

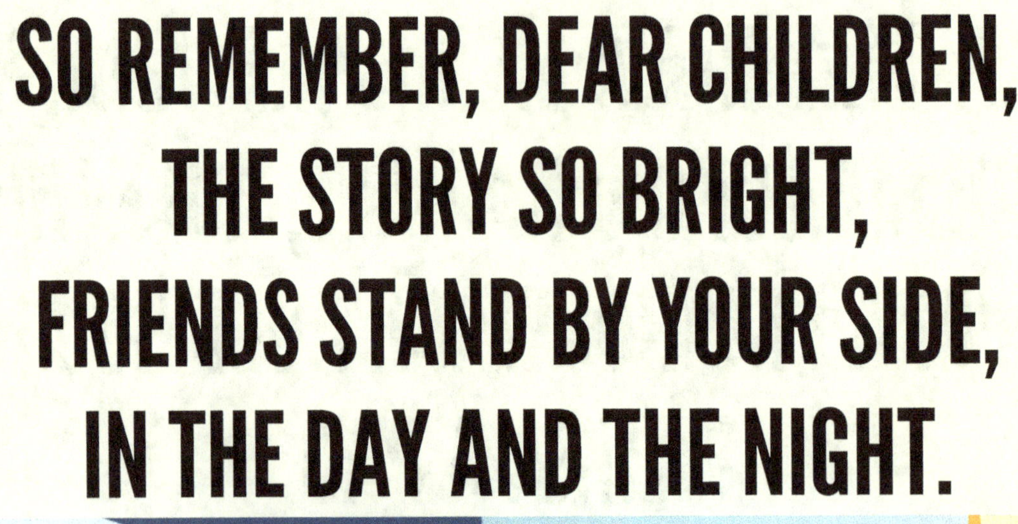

E HOʻOMANAʻO, NĀ KEIKI ALOHA, KA
MOʻOLELO NOU IKAIKA, NĀ HOA E KŪPAʻA
ANA MA KOU ʻAOʻAO, I KE AO A ME KA
PŌ.

WITH FRIENDS LIKE DEAR WHITNEY, YOU'LL NEVER FEEL BLUE, JUST LIKE JENNY, WHO LEARNED THAT FRIENDSHIP IS TRUE.

ME NĀ HOA LIKE ʻOLE ʻOE E HOʻOMAKA AI
I KA WAIŪ, ʻOIAI E LIKE ME JENNY, I ʻIKE
AI I KA ʻOIAʻIʻO O KA HOAALOHA.

IN THE SCHOOL OF YOUR DREAMS,
WHERE ADVENTURES AWAIT,
KEEP YOUR HEART OPEN,
FOR FRIENDS ARE FIRST-RATE.

MA KE KULA O KOU MOE'UHANE, KAHI E KALI AI NĀ HOLO'ANA, E HO'OMAU I KOU PU'UWAI I KA LAUNA PŪ, NO KA MEA, HE KĀKAU 'ŌLELO NŌ NĀ HOA.

AND JUST LIKE OUR JENNY,
YOU'LL FIND YOUR OWN WAY,
IN THE BRIGHT WORLD OF LEARNING,
WHERE YOU'LL GROW EVERY DAY.

A MEA LIKE KĀ MĀKOU JENNY, E 'IKE 'OE I KOU ALA E PONO AI, I KA AO MAIKA'I O KA 'IKE, KAHI E ULU AI 'OE I KĒLĀ ME KĒIA LĀ.

SO LET'S ALL BE LIKE JENNY,
KIND, BRAVE, AND SMART,
WITH FRIENDS BY OUR SIDE,
WE'LL EACH DO OUR PART.

A LAILA, E LIKE KĀKOU A PAU ME JENNY, OLAKINO, KŪPONO, A ME AKAMAI, ME NĀ HOA MA KO KĀKOU AO, MA KA HANA KŪPONO, HANA KĀKOU A PAU.

WITH LAUGHTER AND LOVE,
AND LESSONS SO GRAND,
YOU'LL HAVE THE BEST TIMES IN THIS
WONDERFUL LAND.
SCHOOL

ME KA 'AKA'AKA A ME KE ALOHA, A ME NĀ A'O NUI LOA, E LOA'A ANA NĀ WĀ MAIKA'I LOA MA KĒIA 'ĀINA HO'OHENO.

THANK YOU, BYE!

MAHALO, ALOHA!

WHITNEY
JENNY

CARNIVAL RADIANCE
Carnival Radiance
Carnival

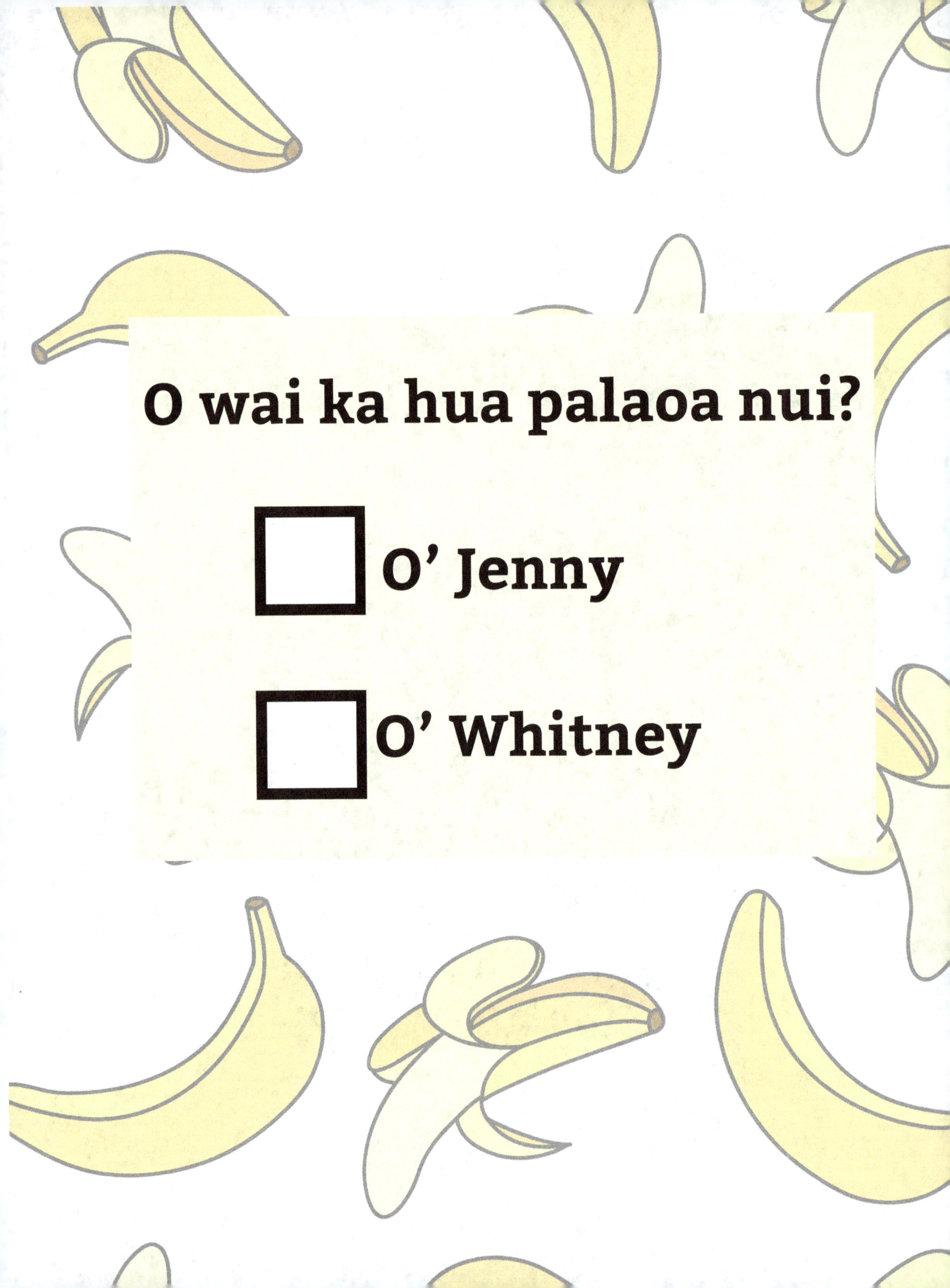

O wai ka hua palaoa nui?
O' Jenny
O' Whitney

Use this QR code for a discount on your next book!